Mi país

Ellen K. Mitten

Rourke Educational Media
rourkeeducationalmedia.com

Scan for Related Titles and Teacher Resources

www.rourkeeducationalmedia.com

PHOTO CREDITS: Cover: © gisele; Title Page: © Neil Johnston; Page 3, 5: © Natural_Warp; Page 9: © Joseph C. Justice Jr.; Page 11, 15: © Wikipedia; Page 13: © Lisa F. Young; Page 17: © Aaron Kohr; Page 19: © Daniel LaFlor; Page 20: © Keith Reicher; Page 21: © Nick Schlax; Page 22: © Natural_Warp, © Daniel LaFlor; Page 23: © Wikipedia, © Lisa F. Young

Edited by Meg Greve
Traducido y editado por Danay Rodríguez.

Cover design by Renee Brady
Interior design by Tara Raymo

Library of Congress PCN Data

Mi país / Ellen K. Mitten.
(El Pequeño Mundo de Estudios Sociales)
ISBN 978-1-61590-328-3 (hard cover - english) (alk. paper)
ISBN 978-1-61590-567-6 (soft cover - english)
ISBN 978-1-61741-181-6 (e-Book - english)
ISBN 978-1-63430-128-2 (hard cover - spanish)
ISBN 978-1-63430-154-1 (soft cover - spanish)
ISBN 978-1-63430-180-0 (e-Book - spanish)
Library of Congress Control Number: 2014953697

Rourke Educational Media
Printed in the United States of America,
North Mankato, Minnesota

Rourke Educational Media
rourkeeducationalmedia.com
customerservice@rourkeeducationalmedia.com
PO Box 643328 Vero Beach, Florida 32964

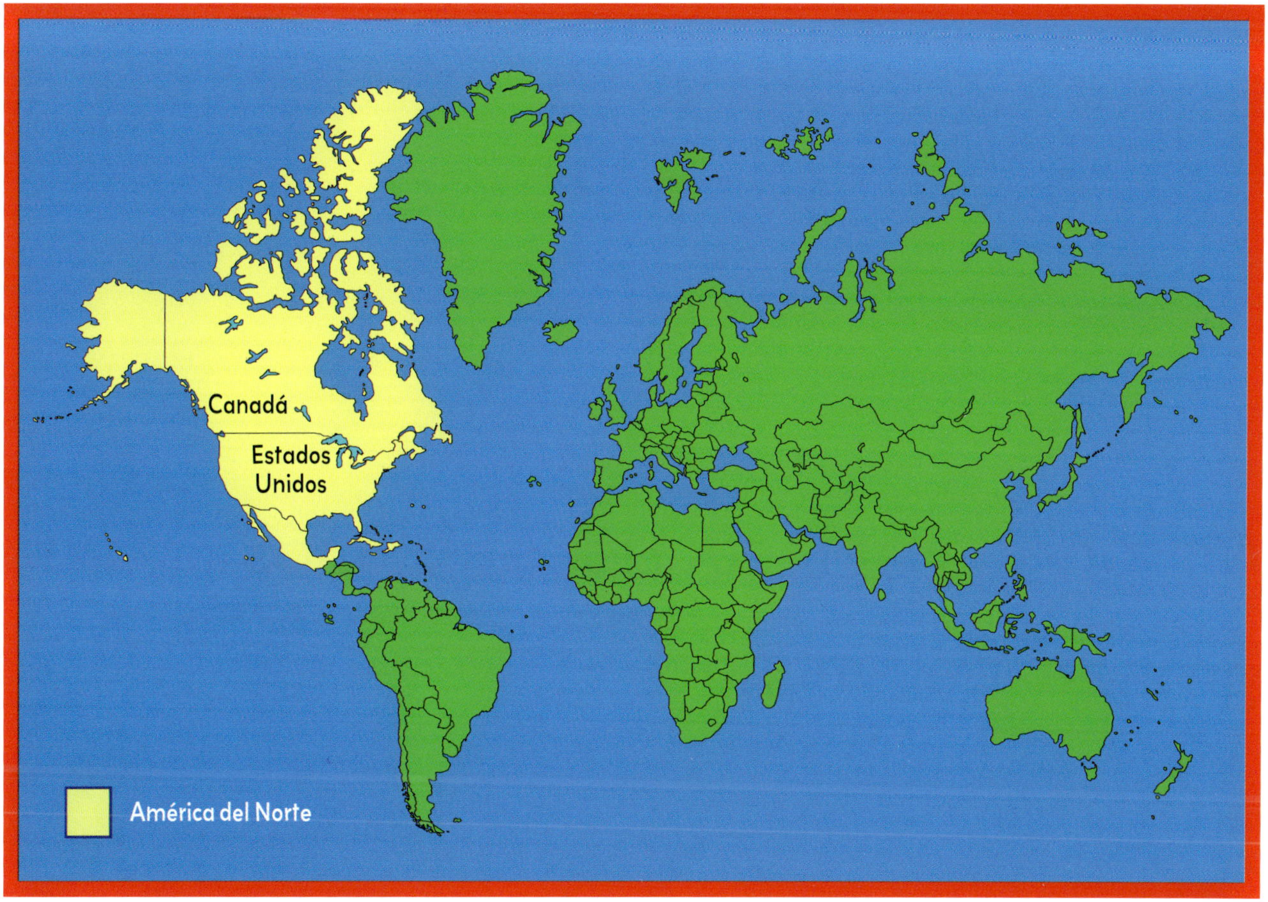

Mi **país** forma parte del continente **América** del Norte.

Mi país es el cuarto país más grande del mundo.

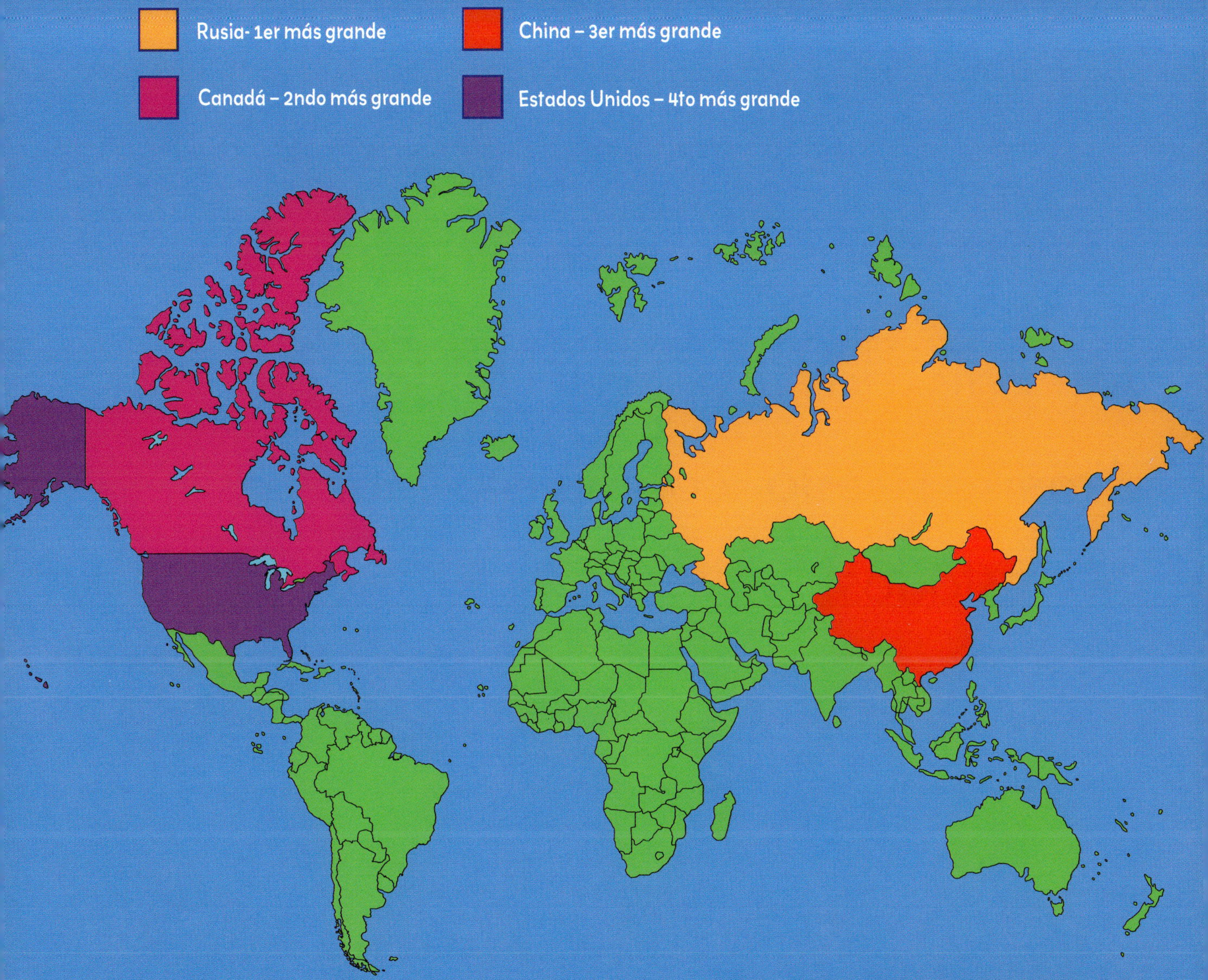
Rusia- 1er más grande
China – 3er más grande
Canadá – 2ndo más grande
Estados Unidos – 4to más grande

Mi país, los Estados Unidos de América, está compuesto por 50 estados.

Datos curiosos

Alaska y Hawái no tienen frontera con ninguno de los otros 48 estados.

La capital de mi país es Washington, D.C.

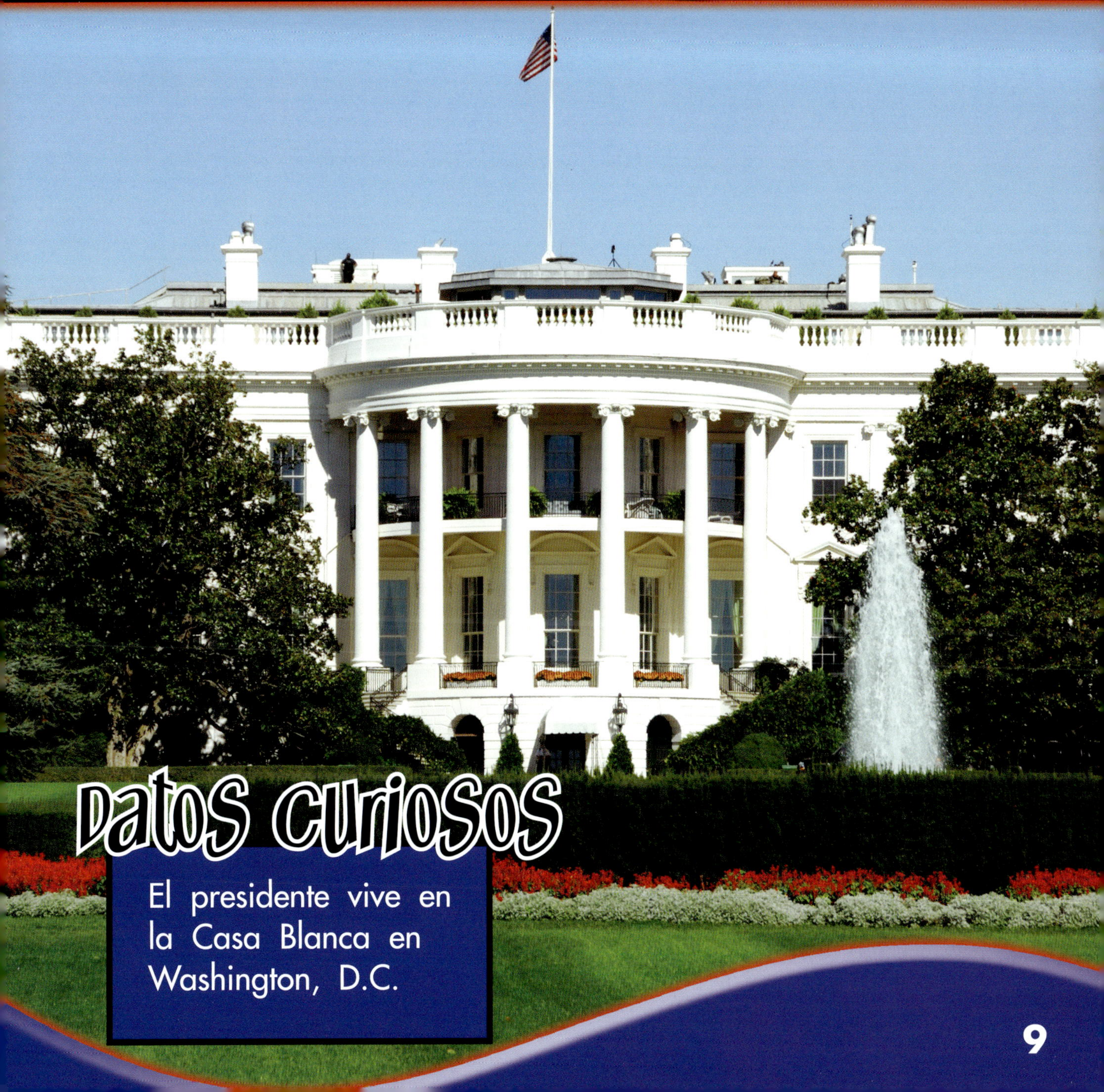

Datos curiosos

El presidente vive en la Casa Blanca en Washington, D.C.

El **gobierno** de mi país es una democracia.

IN GOD WE TRUST

En una democracia, las personas **votan** por sus líderes.

Datos curiosos

Si eres ciudadano de los Estados Unidos y tienes 18 años de edad, tienes derecho a votar.

Cada cuatro años, los ciudadanos de mi país votan por la persona que ellos quieren que sea el **presidente**.

Datos curiosos

El presidente número 44 de los Estados Unidos es Barack Obama.

En mi país hay muchas personas. Más de 300 millones de personas viven en mi país.

STAFF
STAFF

Personas de diferentes orígenes son americanos. Mi país es un lugar de gran **diversidad**.

Mi país tiene muchas cosas para ver y para hacer. Mi país, los Estados Unidos de América, ¡es un buen lugar para vivir!

Datos curiosos

El Gran Cañón es un profundo desfiladero tallado por el Río Colorado en Arizona.

Glosario Ilustrado

continente: Gran masa terrestre. Los siete continentes de la Tierra son Asia, África, Europa, América del Norte, América del Sur, Australia y la Antártida.

diversidad: Una colección de cosas diferentes. Diversidad en las personas incluye diferencias de raza, religión y cultura.

gobierno: Un grupo de personas que llevan a cabo los asuntos de un país, estado u organización.

país: Una parte del mundo con sus propias fronteras y gobierno. Estados Unidos de América es un país.

presidente: El líder elegido o primer ejecutivo de un país.

votar: Tomar una decisión en una elección o en una encuesta.

Índice

Sitios Web

www.kids.gov
www.pbs.org/history
www.firstgov.gov

Acerca del Autor

Ellen K. Mitten ha enseñado niños de cuatro y cinco años de edad desde 1995. ¡A ella y a su familia les encanta leer toda clase de libros!